AF339655

NOTICE

L'ALSACE ET LA LORRAINE

A PROPOS DES

PRÉTENTIONS DU ROI DE PRUSSE

PAR

LEFEBVRE-DEVERVILLE

(DE STRASBOURG)

———

SEPTEMBRE 1870

———>•<———

Se vend 30 centimes

AU PROFIT DES VICTIMES DU SIÉGE DE STRASBOURG

———>•<———

BORDEAUX

IMPRIMERIE DE J. DELMAS

Rue Sainte-Catherine, 139

NOTICE

SUR

L'ALSACE ET LA LORRAINE

à propos des

PRÉTENTIONS DU ROI DE PRUSSE

faisant suite à la brochure publiée à la fin de juillet, sous ce titre :

Le Roi de Prusse qui se plaint des violences de la France.

En présence des iniques prétentions de la Prusse de nous dépouiller de l'Alsace et de la Lorraine, *à titre de retour à l'Allemagne,* il est à propos de rappeler encore l'origine française de ces deux provinces. Et cela d'autant plus qu'à la honte des gouvernements qui se sont succédé en France depuis notre grande révolution, l'enseignement y a été tellement restreint, que la connaissance de l'histoire et de la topographie du pays n'y est pas répandue parmi les classes laborieuses comme elle devrait l'être.

Des deux exposés qui suivent, il ressort avec une évidence matérielle que :

La Prusse prétend REPRENDRE à la France ce que la France ne lui a point PRIS, ni à elle, ni à aucun autre État, et ce que la Prusse n'a jamais possédé, ni aucun de ses coalisés.

Il est vrai qu'à mesure des triomphes de guerre que lui ont si bien facilités l'ineptie et la suffisance napoléoniennes, la Prusse exprime sa convoitise moins au nom de droits mensongers qu'au nom de ceux de la victoire. Mais le danger pour nous reste le même; il importe que tous, nous sachions bien la gravité de la mutilation qui menace la France, et la violence que subiraient deux de ses provinces, dont le patriotisme déjà si connu va grandissant encore en raison du péril.

L'ALSACE

L'Alsace, de temps immémorial, était indépendante de tout autre État allemand ; elle s'appartenait, elle s'administrait et avait été plusieurs fois gouvernée par des princes français, lorsqu'en 1648, par le traité de *Munster,* ses divers bailliages, fiefs et villes placés sous la protection nominale de l'Autriche, furent, selon leur vœu unanime, réunies à la France.

Il y a donc 223 années que l'*Alsace* est française, sans que jamais elle ait cessé d'en être satisfaite, et sans qu'aucun État de l'Allemagne la revendiquât à aucune époque, pas même lors des deux invasions auxquelles aboutit la gloire des deux règnes si calamiteux de Napoléon 1er.

A cette triste époque, les vainqueurs nous reprirent les conquêtes de la République et celles de l'Empire ; de plus, ils nous repoussèrent notre frontière du Nord et de l'Est sur une largeur de 5 à 15 kilomètres, en circonférant de Lauterbourg jusque près de Dunkerque.

Mais nonobstant leur toute-puissance, ils ne mirent nullement en question nos provinces de l'Alsace et de la Lorraine. La Prusse seule, il est vrai, inspirée par sa convoitise héréditaire et par sa rancune de monarchie *de droit divin*, depuis notre grande révolution, demanda instamment le démembrement de la France, en s'en attribuant la meilleure part; mais elle dut se taire sous le refus de tous les autres monarques de la coalition, formellement exprimé par Alexandre, empereur de Russie.

L'ALSACE forme les départements du haut et du bas Rhin; elle s'étend du midi au nord sur une longueur de 290 kilomètres, de Belfort et de Saint-Louis, près Bâle, à Lauterbourg, et à 40 kilomètres au-delà de Wissembourg, vers Bitsche; sa largeur est de 50 kilomètres environ de l'ouest au nord-est, entre le sommet de la chaîne des Vosges et le Rhin.

La frontière, avec le grand duché de Bade, est faite de l'Alsace seule, par un partage égal du Rhin, sur une étendue de 210 kilomètres, depuis la Suisse, entre Bâle et Huningue jusqu'à la Bavière Rhénane que touche l'autre extrémité à Lauterbourg, près du Rhin.

Sa population est de 1,030,000 habitants.

Sa superficie est de 848,000 hectares.

Cette même frontière, en quittant le Rhin à Lauterbourg, oblique à gauche, longeant le Palatinat sur environ 60 kilomètres, qui sont quasi en ligne directe jusque près de Stazzelbronn.

La langue française est la seule en usage dans toutes les villes importantes de l'Alsace, et le patois franco-tudesque, que parlent les villages, est inintelligible pour les Allemands.

Déjà, en remontant le versant rhénan de la chaîne des Vosges, la langue française devient celle du peuple, et dans la haute Alsace, c'est-à-dire dans tout l'arrondissement de Belfort, elle est, sans exception, exclusivement celle de toutes les classes de la population.

Le commerce de l'Alsace n'a pas d'importance dans le Bas-Rhin ; l'agriculture seule y est remarquable. Mais à partir de Sainte-Marie-aux-Mines et dans tout le Haut-Rhin, l'industrie présente une activité très considérable, notamment à Colmar, à Guebwiller, à Thann, dans la vallée de Wesserling, et plus particulièrement encore à Mulhouse, ainsi que dans son voisinage.

Le culte protestant domine dans le bas Rhin ; mais à Strasbourg, on compte 37,000 catholiques, 33,000 protestants et 6,000 israélites.

La paix, la tolérance les plus complètes règnent dans le pays entre ces trois religions. Pour les catholiques et les protestants, le même édifice, en beaucoup de communes, même dans certaines villes, sert aux offices religieux, soit alternativement, soit simultanément, au moyen d'une simple cloison ou d'un rideau.

La France a le droit de le dire, c'est à ses instincts nationaux de bonté, d'égalité, d'équité, qu'est dû ce bienfaisant et phénoménal respect de la religion d'autrui.

La ville de Strasbourg est belle par son activité, par beaucoup de larges rues, par ses vastes places, par sa propreté et par une originale irrégularité. Elle est entourée de promenades, plantée de marronniers et de platanes séculaires. Les cinq kilomètres qui la séparent du Rhin, en face de Kehl, présentent une longue avenue garnie de magnifiques arbres des essences les plus plantureuses. A l'intérieur, la promenade publique appelée le Broglie, offrait, dans un temps plus heureux, une animation incessante, particulièrement l'après-midi et le soir, et quand la musique militaire y récréait quatre fois par semaine le goût favori des Strasbourgeois.

On y prenait des rafraîchissements sous le feuillage des marronniers. Alors, cent tables dressées par les cafés voisins y donnaient l'aspect d'une fête à laquelle prenaient part, avec une gaieté et une convenance parfaites, les étrangers en même temps que les familles de toutes les classes, riches, artisans et prolétaires, car Strasbourg, comme toute l'Alsace, offre un caractère particulier de la vraie démocratie plus que partout ailleurs en France.

Pour complément de cette charmante promenade du Broglie, au fond se trouve en perspective le bel édifice du Grand-Théâtre, où toujours une troupe de premier ordre et un orchestre que même les étrangers comparaient à celui de l'opéra de Paris, attiraient en foule les Strasbourgeois et les voyageurs de tous les pays.

Aussi, jusqu'au jour à jamais néfaste de l'investissement de la place par l'ennemi, Strasbourg fut-il l'une des villes les plus agréables de la France, où le touriste séjournait le plus volontiers, pour se distraire, et surtout pour admirer la flèche de sa cathédrale, qui, s'élançant vers le ciel, offre, sans contredit, la plus splendide, la plus élégante, la plus majestueuse architecture de l'univers et la plus élevée, si l'on fait exclusion de *l'amas de pierres* qui compose la pyramide de

Chéops, et dont la hauteur n'est que de trois mètres en plus (146 mètres.)

Quant a l'attachement de l'Alsace a sa nationalité française, il est proverbial ; aucune contrée de la France ne le porte a un plus haut degré, et l'aversion des Alsaciens contre la domination allemande n'a jamais autant éclaté que depuis qu'ils la subissent.

Nous allons maintenant retracer sommairement les phases qui ont précédé la réunion de la Lorraine à la France.

LA LORRAINE

La Lorraine, avant son annexion, avait été gouvernée alternativement par la France et par des familles françaises, dans ce temps où les peuples et les territoires faisaient partie de la dot des princes et des princesses, comme un bien qui leur appartenait, ou bien étaient cédés, échangés comme des troupeaux.

Jamais elle n'a fait partie de l'Allemagne, mais sous l'illogique et ridicule prétexte que la maison impériale d'Autriche descend des ducs de *Lorraine*, par un mariage entre Guise et Hapsbourg, la Prusse a imaginé d'y avoir des prétentions.

Elle se substitue ainsi à l'Autriche dont elle est l'implacable ennemie comme elle l'est de la France, et qui ne nous réclame rien parce qu'elle n'a rien à nous réclamer.

Or, l'histoire nous dit que l'Autriche elle-même, après de longs tiraillements, a reconnu définitivement les droits exclusifs de la France sur la *Lorraine*, par le traité de Vienne en 1736, sous la seule réserve de la souveraineté viagère de Stanislas 1er, roi de Pologne dépossédé, et beau-père de Louis XV ; — que Stanislas mourut en 1766, et qu'alors la brave Lorraine fut heureuse de se voir enfin réunie pour toujours à sa famille française.

Il y a donc là pour la France une possession consacrée non-seulement par une consanguinité de race, une complète similitude de langage, et un vœu de la population lorraine, en tout manifestement exprimé, mais encore par un traité signé librement de l'État qui seul, de loin à loin, prétextait faiblement des droits que rien de sérieux ne pouvait faire prévaloir.

La LORRAINE a formé quatre départements, par l'adjonction d'une fraction des Ardennes pour celui de la Meuse, et d'une autre fraction de la Franche-Comté pour celui des Vosges.

Elle s'étend du midi au nord, de Bain jusque près de Longuyon, sur une longueur de 240 kilomètres environ. Et de l'est à l'ouest, du sommet des Vosges, avant de descendre sur Phalsbourg, jusque près de Blesme, vers Paris, sur 230 kilomètres environ.

Sa population est de 1,600,000 habitants, et sa superficie mesure 2,466,000 hectares, dont une partie notable est en belles forêts, comme en Alsace.

Seule, la Lorraine fait la frontière de la France avec la Prusse, et cela sur un *contact* sinueux de 130 kilomètres environ, depuis Kleinblittersdorf, au midi, y compris Apach, près de la Moselle, et qui présente un espace direct de 60 kilomètres.

A droite, elle borde aussi la Bavière rhénane sur un *contact* sinueux de 110 kilomètres environ, depuis Kleinblittersdorf jusqu'au-delà de Stazzelbronn, à la limite du département du Bas-Rhin, et sur un espace direct de 65 kilomètres.

La langue française est la seule en usage dans toutes les classes de la Lorraine, et l'on peut certainement compter cette contrée parmi celles de la France où on la parle le mieux. On en doit excepter seulement les villages qui touchent à la frontière allemande, et dans lesquels, comme dans ceux de l'Alsace, est resté un patois tudesque inintelligible aux étrangers, mélangé de mots corrompus du français et de l'allemand.

L'industrie de la Lorraine est considérable en métallurgie, particulièrement dans les parties montagneuses, vers Nancy, Nançois, Saint-Dizier, Vassy.

Elle ne l'est pas moins par ses nombreuses filatures et par ses tissages de coton surtout, près et dans la chaîne des Vosges.

Le culte catholique est presque exclusivement le seul pratiqué en Lorraine.

La ville de Metz a une population de 45,000 âmes ; on la considère comme étant une place forte hors ligne. Quoiqu'elle n'offre point les distractions, les agréments et l'aspect intéressant de Strasbourg, elle est cependant visitée avec un grand empressement par les hommes sérieux et par les touristes de toutes les nations. Sa cathédrale, surmontée d'une tour carrée magnifique, dépasse en architecture et en distinction celle de Strasbourg.

Le Messin est un type de résolution intelligente, marquée du savoir-vivre français, et se distinguant par un patriotisme dont il revendique avec raison le mérite particulier pour sa noble cité.

On ne parle point du tout l'allemand à Metz.

Nancy, ville ouverte, de 50,000 âmes, offre par la rectitude, la largeur, la longueur, la régularité et le nombre de ses rues formées de belles maisons, l'aspect de la plus jolie ville de France. Résidence du dernier duc de Lorraine, le roi Stanislas, qui en fit le modèle de la plupart des autres villes de son duché, Nancy est remarquable par ses nombreux édifices anciens et modernes, par ses promenades et par ses places ornées de grilles, de balcons et de clôtures d'un travail artistique qu'on ne rencontre qu'au parc de Monceau, à Paris.

Le Nancéen est anti-allemand par le cœur et par le langage. La distinction de l'éducation et de l'instruction françaises y est telle, que de tous les pays étrangers, surtout de l'Allemagne, c'est à Nancy que les meilleures familles envoient plus qu'ailleurs, pour les civiliser dans les institutions, leurs enfants des deux sexes.

Il n'est point de contrée en France où l'on rencontre plus qu'en Lorraine, et notamment à Nancy, l'aménité, la politesse, l'obligeance et la vivacité qui sont le propre du caractère français.

L'artisan lorrain est un modèle d'activité, d'adresse et de goût.

Le patriotisme lorrain ne le cède en rien à celui de l'Alsace. 1814 et 1815 l'attestent hautement, par la résistance à main armée des villes et des campagnes contre l'envahisseur.

Tels sont les origines, la nature, l'importance et les sentiments nationaux des deux provinces si françaises que, depuis quelques années, le roi de Prusse revendique comme étant allemandes ; et cela, nonobstant leur répugnance toujours croissante contre l'Allemagne, et leur attachement toujours croissant pour la France.

Tels sont les excellents Français dont Guillaume et Bismark veulent faire des Prussiens.

CONSIDÉRATIONS.

Sadowa, en exaltant l'orgueil et l'ambition de la Prusse, a inévitablement contribué à l'intensité de sa malhonnête convoitise du territoire français.

Aujourd'hui, l'héroïsme de notre armée a échoué sous une supériorité numérique toujours de quatre contre un; aujourd'hui que nos revers si imprévus, dus uniquement à un souverain et à des courtisans présomptueux, imprévoyants et incapables, engourdis dans la mollesse; aujourd'hui que ce rêve est momentanément à demi-réalisé, le roi de Prusse va se fonder aussi sur le droit de la guerre, mais il s'en faut que là, également, notre dernier mot soit dit. Malheur au vainqueur !

Cette spoliation, tant désirée, enlèverait à la France une population de 2,630,000 habitants et une superficie territoriale de 3,313,000 hectares.

La France y perdrait sa frontière du Rhin, de 210 kilomètres; son rempart de la chaîne des Vosges et ses principales places fortes dont elle a besoin plus que jamais, en présence des ambitions et des rancunes toujours croissantes de toute l'Allemagne, excitées par la Prusse, sans nulles raisons véritables.

En un mot, elle resterait complétement ouverte, sans aucune défense, en face de son ennemi le plus opiniâtre. Sa frontière de l'Allemagne, à 126 lieues de Paris, depuis le pont de Kehl, sur le Rhin, à 5 kilomètres au-delà de Strasbourg, serait réduite de 76 LIEUES, étant ramenée

en deçà de Bar-le-Duc, près de Blesme, au-dessus de Vitry,
A 50 LIEUES DE PARIS ! ! !

Parmi les villes qui nous seraient ainsi ravies, il y aurait
sept places fortes, dont Metz et Strasbourg, qui sont de
première classe, et seraient tournées contre nous.

En Alsace, nous serions dépouillés de notre splendide
industrie du Haut-Rhin, dont Mulhouse est le foyer.

En Lorraine, nous perdrions la majeure partie de nos
hauts-fourneaux français, et de notre fabrication métallur-
gique.

Non, la France ne subira jamais une aussi monstrueuse
mutilation, et jusqu'à son dernier souffle elle luttera pour
la combattre.

*Serait-elle vaincue, qu'elle n'aurait point encore le droit
de signer cette honte.*

Pour triompher de cette criminelle entreprise, la France
est forte de son bon droit.

Elle a pour elle la mutualité d'un attachement indes-
tructible entre elle, les Alsaciens et les Lorrains, comme
ceux-ci le prouvent chaque jour à leurs oppresseurs passa-
gers, par leur antipathie contre un changement de nationalité. Leur courage héroïque et leurs souffrances dans
Strasbourg, dans Phalsbourg, dans Toul, dans Bitsche et
dans Metz, bombardés, dévastés, expriment un éclatant
défi de leur civisme français.

La France a pour elle ses immenses ressources, sa valeur
et son patriotisme innés, qu'un gouvernement inepte a dé-
naturés depuis vingt-deux ans, mais qui reviendront bientôt
à la vie, à l'énergie.

Que le roi de Prusse ne s'abuse pas ! la France renaît
vite de ses catastrophes ; elle l'a prouvé après les désastres
du premier empire, elle le prouvera encore après ceux du
second, dont le funeste souvenir sera ineffaçable.

Il n'y a eu que des *Bonaparte* pour nous amener trois fois l'invasion étrangère, cette calamité la plus horrible qui puisse accabler une nation, et que la République, elle, toute jeune et toute pauvre, avait su repousser, d'abord contre la Prusse à Valmy, et ensuite contre toute l'Europe coalisée.

Mais le temps des *Bonaparte* que la Corse nous a produits comme pour se venger de son asservissement, ce temps est fini à tout jamais, nous le pensons, car la France s'est trouvée *dans ce moment solennel où son honneur national étant violemment compromis, elle a su prendre seule en main la direction de ses destinées* (1).

Espérons que le sort de la France ne sera plus livré, par le vote, à une *erreur populaire*, due à l'inconscience des calamités des deux empires.

Le relâchement administratif, le gaspillage de nos contributions, le désordre dans les services publics et militaires, la corruption, l'oppression policière, le mépris des droits et des libertés des citoyens, le gouvernement astucieux et la fin honteuse du dernier *Bonaparte*, auront enfin guéri nos *trop braves* campagnards de cette *toquade bonapartiste* QUI A FAIT LE MALHEUR DE LA FRANCE.

Plus éclairés, les paysans sauront que c'est aux voies ferrées et aux services de navigation à vapeur créés par l'industrie européenne qu'est due la vente lucrative de leurs produits, et nullement au règne immoral de Louis Bonaparte.

Leurs votes ne seront plus exploités par une engeance d'égoïstes, de sordides et de peureux, qui, se qualifiant de parti conservateur, n'a jamais conservé que les abus, ses

____

(1) Emprunté de la proclamation récente de l'empereur, lors de son départ pour la guerre.

richesses, ses positions privilégiées, et mené à la catastrophe publique chaque pouvoir qu'il a prétendu soutenir.

À l'avenir, en apprenant à lire et à écrire, la classe ouvrière des villes et des campagnes saura que le règne de Napoléon 1er a été pour la France et pour l'Europe un temps de misères, de dévastation, de destruction des hommes, et de despotisme, par son ambition et par sa manie de la guerre. Et que, comme il est dit plus haut, toute sa gloire, si chèrement payée, a fini par nous plonger deux fois dans un abîme affreux, avec les funestes conséquences de la haine des nations qu'il avait offensées par ses envahissements, par sa tyrannie, et dont les représailles nous accablent.

Aujourd'hui, par cet enseignement, nous parviendrons à détruire le stupide chauvinisme qui égare nos classes laborieuses.

Messieurs les Préfets, Sous-Préfets, Maires, Adjoints, Gendarmes, Gardes-Champêtres et autres agents, nommés *de par l'empereur,* n'abuseront plus aussi aisément de la bonne foi de nos honnêtes paysans.

Une fois dégagée de ses éléments malsains, la France se régénérera et se réhabilitera aux yeux de l'univers.

CONCLUSION

ROI DE PRUSSE! vous aussi, comme Napoléon Ier, vous sacrifiez l'espèce humaine et le repos public à vos ambitions, à votre antipathie contre la révolution française. Comme lui, vous êtes un fléau.

La douleur qu'éprouverait la charité chrétienne de la reine, votre épouse, qui, dit-on, est si modeste, si humaine, ne vous a point touché.

En vue de l'Alsace et de la Lorraine, vous aviez résolu la guerre depuis longtemps et quand même.

Bien des années avant *Sadowa*, vous faisiez explorer nos Vosges, notre Lorraine, et vous organisiez l'espionnage en France, sous toutes les formes, dans tous les lieux et jusqu'au sein des intimités les plus élevées.

Vous prépariez, vous multipliiez vos engins de guerre, et vous teniez, *le sac au dos*, votre nombreuse armée toujours prête à fondre sur nous au premier signal.

Ne dites point que vous vous teniez en garde; car vous n'ignoriez rien de ce qui se passait chez nous; vous saviez fort bien que notre gouvernement de sybarites, le souverain en tête, discourait et ne faisait rien. Que notre énorme budget de la guerre se dissipait ailleurs qu'à l'entretien et à l'augmentation de nos forces militaires, et que le jour où vous jugeriez opportun *de provoquer ou de vous faire provoquer*, vous trouveriez en énorme infériorité votre futile et ignorant adversaire.

Enfin, tout récemment, le chiffre des votes de l'armée pour l'astucieux plébiscite vous a définitivement éclairé sur la faiblesse de l'effectif disponible de ses troupes, et vous n'avez plus gardé de ménagement.

Quant à lui, cette *lumière éclatante* ne l'a nullement averti, elle n'a point réveillé son insouciance.

Vous qui connaissiez les mœurs de notre deuxième empire, vous saviez bien que *la grande meute qui, depuis vingt ans, vaquait laborieusement à la curée,* aliénait à mesure les ressources que donnaient nos contributions en vue de pouvoir résister à votre persévérante, méthodique et colossale organisation. Vous pensiez bien que vous la prendriez au dépourvu.

Et c'est, malheureusement pour la France, ce qui vient de se réaliser.

En véritable *casse-cou,* tel qu'il a toujours été, *ce souverain d'aventure* vous a déclaré la guerre, quoiqu'il sût l'immense supériorité numérique de votre armée, et sans même avoir pris la peine de faire appel aux contingents dont il pouvait disposer, et former un effectif bien plus nombreux que le vôtre. Aussi aviez-vous cinq fois autant d'hommes sur pied et deux fois plus d'artillerie, cette arme que le plus jeune caporal sait être, depuis dix ans, l'élément décisif de la bataille. Tout cela était tout prêt, rien chez lui ne l'était; *mais il ne s'en doutait pas,* ON L'A TROMPÉ! Telle est sa puérile excuse.

Autre dérision : il a obéi à l'opinion publique; or, il est notoire que chez toutes les personnes raisonnables de toutes les opinions, il y a eu indignation de ce que la guerre était une perfide conséquence du plébiscite.

Au fait, vous poursuivez avec une opiniâtreté tradition-nelle la carrière déjà si remarquable des Hohenzollern, qui, partant du simple *Électorat* du Bandebourg, gros de

1,300,000 âmes, ont su ériger en 1701 le royaume de Prusse, s'augmentant successivement et rapidement par la ténacité, par la ruse et par la guerre, des dépouilles de la Saxe, de l'Autriche, de la Pologne, de la Suède, du Danemark, de la Westphalie, des Électorats de Coblentz, de Trèves, et d'une partie de celui de Mayence.

Et puis, en 1866, d'un seul coup, vous confisquez les États du Hanovre, de la Hesse-Cassel, de Nassau, et plusieurs villes libres, notamment Francfort-sur-le-Mein, comme fruits de votre guerre injuste et heureuse contre la Confédération germanique, à laquelle vous aviez juré foi et fidélité.

Un instant, repu de cette *orgie d'usurpations,* vous vous êtes *reposé,* mais tout en préparant le succès de votre haine contre la France livrée à un règne empoisonné du virus de la décadence.

Aujourd'hui, le moment est venu pour cette France, selon vous, de payer une part à vos aspirations improbes, et qui sont également sanguinaires, puisque déjà elles coûtent la vie à 100,000 Français et Allemands, de la plus saine et de la plus virile espèce, et la santé de 250,000 blessés et malades, les uns entassés dans les hôpitaux, et les autres épars sans abri et sans secours.

Puisque pour cela vous avez ravagé, ruiné quatre provinces françaises, dès votre début, et que vous voulez anéantir *Paris;*

Puisque par cela vous jetez la misère et le désespoir dans un million de familles, ainsi que la perturbation dans toute l'Europe;

Pour une idée, celle de vous approprier le bien d'autrui. Voilà vos actes, roi de Prusse, vous qui êtes dévôt, vous qui, en raison de vos soixante-treize années, devez vous préparer à paraître prochainement devant Dieu.

Quelles justifications lui apporterez-vous de tous les massacres qui se sont succédé, provoqués par vos ambitions? et en dernier lieu, de vos offenses si *étranges* qui ont décidé la guerre sans que vous en ayez eu le moindre souci.

Vous oubliez sans doute que là-haut les faussetés n'ont point cours, comme parmi les hommes, où l'ignorance, la bassesse et la peur font la seule force des puissants de la terre?

Votre prétexte, ici-bas, est que vous voulez faire *une grande Allemagne,* abritée par sa force contre les entreprises de la France.

Mais là-haut, vous n'aurez que le châtiment de cette extermination de la plus saine partie de l'espèce humaine, consommée dans le but réel d'asservir toute l'Allemagne à votre sceptre, même au prix du bonheur dont elle a joui si longtemps sous l'économe et paternelle administration des États séparés.

Votre continuelle déclaration que « votre seul but a été l'*union allemande* » est déjà confondue, puisque vous voulez vous emparer de populations anti-allemandes.

Dieu vous condamnera aux remords éternels.

Cet anathème n'est point pour vous seul. Il atteint aussi votre sceptique et cynique conseiller Bismark, votre féroce de Moltke, tous les chauvinistes allemands, et non moins les chauvinistes français.

Il atteint votre *bon frère,* l'ex-empereur Louis Bonaparte, et tous ceux qui, comme vous, sont les fléaux de l'humanité, par la discorde et par la guerre.

La nation française ne convoite rien de l'Allemagne. *Elle ne veut que de ceux qui veulent être à elle.*

Il n'y a d'animosité entre Français et Allemands que celle engendrée par les rois de Prusse, dont l'orgueil monarchique s'est déclaré par l'abominable *ultimatum* du maréchal de Brunswick, en 1792, en haine de notre grande révolution.

Au début de la guerre actuelle, vous avez proclamé *que vous ne la faisiez qu'à l'empereur et non à la nation française.*

Cet empereur, cet autre ambitieux qui, lui, pour affermir sa triste dynastie et son pouvoir absolu par quelque gloire, jetait sans scrupule et sans examen la France dans le péril, cet empereur, vous l'avez vaincu, il est tombé par son ineptie, la France l'a répudié, il est déchu, il n'existe plus.

Maintenant, la *nation française* se gouverne; *violemment compromise, elle a dû prendre seule en mains ses destinées.* — Les hommes qui ont le courage d'entreprendre de la sauver du gouffre que lui a creusé cet insensé, sont ceux-là mêmes qui en tout temps se sont opposés à la guerre, et particulièrement à celle-ci. — Cependant, vous poursuivez votre envahissement et vos projets.

Donc, tout ce sang répandu, toutes ces calamités, n'étaient que pour la conquête, pour une spoliation qui, dût-elle s'accomplir momentanément, serait le prélude d'autres carnages entre les deux nations.

La République française n'a point commencé la guerre; elle n'en a, devant Dieu ni devant les hommes, aucune responsabilité; elle en désire la fin la plus prompte, elle vous somme avec fermeté de quitter son territoire.

Si vous ne le quittez pas, aucun effort, aucun sacrifice, *aucune destruction* ne lui coûteront pour vous en chasser. A son appel suprême, tous ses enfants, jusqu'au dernier, viendront vous accabler sans répit, et vous succomberez sous le nombre.

Dieu protégera ce serment, nous en avons la confiance, car, plus que vous qui décorez vos soldats de la devise *Gott mit uns,* nous avons le droit de le dire, *Dieu est avec nous*, puisque nous, nous ne voulons pas, comme vous, la guerre et la spoliation.

Et si le malheur que lui a légué l'ex-empereur s'acharnait à poursuivre la France, elle aurait encore pour elle l'immense intérêt qui commande à tous les États de l'Europe de s'opposer, pour leur propre sûreté, aux extensions excessives de la Prusse, qui devient tout aussi dangereuse aujourd'hui pour eux que l'était l'insatiable Napoléon Ier.

L'Europe comprendra encore qu'il serait impossible à la France de se résigner à l'extorsion de l'Alsace et de la Lorraine, et que de cette mutilation il résulterait, pour elle-même, une cause interminable de guerres et de troubles, jusqu'au rapatriement de ses deux provinces qui vous prouvent tous les jours leur exécration pour le changement de nationalité que vous prétendez leur faire violemment subir.

Pour vous-même, ce serait une bombe attachée au pied.

Gloire à l'héroïque *Strasbourg !*

Gloire à l'héroïque Phalsbourg !

Gloire à l'héroïque Toul !

Et à Schelestadt, à Bitsche, à Thionville, à Montmédy. à Verdun !

Toutes, *triomphantes* ou *vaincues*, resteront françaises !

VIVE LA FRANCE, VIVE L'ALSACE, VIVE LA LORRAINE !

ELLES VIVRONT ENSEMBLE OU MOURRONT ENSEMBLE !

Bordeaux. — Imp. Delmas

www.ingramcontent.com/pod-product-compliance
Lightning Source LLC
Chambersburg PA
CBHW061829060726
47597CB00008B/3424